DER FLUSS DES LEBENS

....

150 JAHRE   DIAKONIE STETTEN

Der Fluß des Lebens
Tote Fische schwimmen mit dem Strom,
lebende dagegen. Unser Strom ist der Fluß des Lebens,
der Fluß, der tausend Gesichter hat und tausend Geschichten kennt,
der Fluß mit den tausend Leben.
Stetig fließt er durch die Zeiten, voller Nachsicht.
Der Sanftmütige das eine Mal,
der Unbezähmbare das andere Mal.
Voller Geduld oder voller Eile weiß er nichts von gestern und
nichts von morgen. Er zählt die Tage nicht und
nicht die Jahre.
Der Fluß des Lebens. Heute lädt er zum Träumen ein.
Verweile an seinen vielfachen Ufern, sieh den Wassern nach,
die sich am Horizont verlieren.
Morgen macht er Dich vielleicht traurig, lädt zum Nachdenken ein.
Freu Dich am Spiel der Wellen, doch übersieh jene kleinen Buchten nicht,
in denen das Wasser in Ruhe zu stehen scheint.
Schau genauer hin, und Du erkennst die tausend Leben, die tausend Gesichter,
die sich im Fluß des Lebens spiegeln. Jedes Gesicht ist ein anderes,
jede Geschichte eine neue Seite in unserem Buch.
Jedes Leben ein eigenes Leben.
Ein Moment nur, festgehalten für Deinen Augen-Blick.
Wenn Du in die Gesichter siehst, wirst Du Freude erkennen und Trauer,
vielfach und große Weisheit allemal und
Fragen und Antworten.
Beim genauen Hinschauen aber wirst Du Dich erkennen,
in jedem Gesicht.

PETER GROHMANN

DIETER BLUM

DER FLUSS DES LEBENS

MIT ESSAYS VON PETER GROHMANN

150 JAHRE DIAKONIE STETTEN

IMPRESSUM

DER FLUSS DES LEBENS
EIN BUCH DER DIAKONIE STETTEN
ZU IHREM
150JÄHRIGEN JUBILÄUM

© AN DEN BILDERN:
DIETER BLUM
© AN DEN TEXTEN:
PETER GROHMANN

GRAFIK:
DIETER BLUM

LABOR:
COLOR SERVICE, STUTTGART

LITHOGRAPHIE:
EDER REPRO, OSTFILDERN

HERSTELLUNG UND AUSLIEFERUNG:
VIER-TÜRME GMBH
BENEDICT PRESS
97359 MÜNSTERSCHWARZACH ABTEI

HERAUSGEBER UND AUSLIEFERUNG:
DIAKONIE STETTEN
SCHLOSSBERG 2
71394 KERNEN I.R.

© AM GESAMTWERK
DIAKONIE STETTEN
1999

ISBN
3-00-004149-4

DIE AUTOREN

Der Fotograf:
DIETER BLUM
und seine Assistenten Isabelle Rihn (links) und Victor Brigola

Dieter Blum, geboren in Esslingen, verschrieb sich schon in jungen Jahren der Fotografie. Seit seiner Selbständigkeit im Jahre 1964 arbeitet er bis heute für Magazine wie STERN, Spiegel (Kultur), Time und Vanity Fair. Seit 17 Jahren hat er sich dem Dreiklang der Themen Musik (Berliner Philharmoniker unter Herbert von Karajan; Bayreuth: Richard Wagner; Turandot in der verbotenen Stadt), Tanz, Künstler verschrieben. Blum erhielt zahlreiche Auszeichnungen, darunter 1982 den ersten Preis im bedeutendsten aller internationalen Wettbewerbe, den *World Press Photo Award*, für seine Bilder über die Berliner Philharmoniker im STERN. An Büchern gab Blum u.a. heraus: *Afrika 1976, Russia 1980, Das Orchester 1983, Nippon 1984, Auslöser 1986, Schwäbischer Albtraum 1991, Mehr als ein Tropfen – über die Arbeit von Karlheinz Böhm in Äthiopien 1992, Tanztrilogie als Kunst-Sponsering von Hugo Boss 1996/97/98, Basler Fasnacht 1998*. Einzelausstellungen zeigten die photokina in Köln 1972 und 1992, der Württembergische Kunstverein 1995, die Staatlichen Museen zu Berlin - Preußischer Kulturbesitz 1996, der Frankfurter Kunstverein 1997, das Deutsche Tanzarchiv Köln, SK Stiftung Kultur im Mediapark 1998. Blum ist berufenes Mitglied in der Fotografischen Akademie Deutschland, im Bund Freischaffender Fotodesigner (BFF) und im ArtDirectorsClub Deutschland (ADC).

Der Texter:
PETER GROHMANN
Peter Grohmann, Schriftsteller und Kabarettist, geboren 1937. Nach vielen Jahren in Baden-Württemberg lebt Grohmann seit der Wiedervereinigung in Dresden. Initiator sozialer und kultureller Projekte, Mitbegründer des Stuttgarter Theaterhauses und Gründer der AnStiftung Dresden: Projekte gegen das Vergessen, Dresdner Friedenspreis. Lyrik, Prosa, Drehbücher, Collagen.

zum 150jährigem Jubiläum
von Prälat Claus Maier

Unsere ersten Bücher waren Bilderbücher. Je schöner wir sie fanden, desto öfter haben wir sie zur Hand genommen. Die Eltern haben uns die darin verborgenen Geschichten erzählt und die Bilder gedeutet.

Der Bildband, den die Diakonie Stetten Ihnen zum 150jährigen Jubiläum vorlegt, ist nach Qualität der Photographien und von der Aufmachung her mehr Kunstband als Bilderbuch.

Darin nur zu blättern wäre zu wenig. Gehen Sie auf Entdeckungsreise. Suchen Sie den Menschen, der Sie mit seiner Freude, mit seiner Gestik oder seiner Bedürftigkeit am meisten anrührt und fragen Sie sich, warum es gerade dieser eine Mensch ist.

Das Menschenbild der Bibel, dem sich die Diakonie Stetten seit 150 Jahren verpflichtet weiß, geht davon aus, daß jeder Mensch als Gottes Ebenbild eine eigene Würde und Schönheit hat. Bezeichnungen und Zuschreibungen wie gesund oder krank, behindert oder nicht behindert, arbeitsfähig oder hilfsbedürftig greifen darum zu kurz, wo sie nur Gegensätzliches oder den Unterschied betonen. Das uns allen Gemeinsame ist das Angewiesensein auf das Beschenktwerden von Gott. Davon weiß man in Stetten.

Für den Verwaltungsrat nütze ich die Gelegenheit, den vielen Freundinnen und Freunden der Diakonie Stetten in Kirche und Diakonie, Politik, Wirtschaft und Kunst zu danken. Ohne die ständigen Erfahrung vielfältigen Vertrauens könnte Stetten seine Arbeit nicht tun. Dann gebührt auch allen früheren und jetzigen Mitarbeiterinnen und Mitarbeitern Dank für Nächstenliebe und hohes Fachwissen, das sie in die Begegnungen mit Schutzbefohlenen und Partnern eingebracht haben und täglich einbringen.

Im Jubiläumsjahr 1999 heißt die Jahreslosung „Jesus Christus spricht: Ich bin bei euch alle Tage bis an der Welt Ende". Darauf kann die Diakonie Stetten vertrauen und bauen.

Bildung aus christlicher Verantwortung
von Pfarrer Klaus-Dieter Kottnik

„Weißt Du, was ein Sonderfall ist?" – „Nein, was?" – „Siehst Du, ich bin einer!" Das Selbstbewußtsein, mit dem der junge Mann, der seinen Lebensraum im Stettener Schloss hat, auftritt, hat gute Gründe. Im Schloß, den angrenzenden Gebäuden auf dem Schlossgelände und den vielen anderen Häusern, z.B. in Esslingen, Waiblingen, Schorndorf oder Lorch, leben Menschen, die als eigene Persönlichkeiten erfahren werden, die ihre Individualität leben und die bei der Entfaltung ihrer Fähigkeiten begleitet werden. Junge Menschen reifen während ihrer Berufsausbildung zu Persönlichkeiten heran und werden darin unterstützt. Alte Menschen gestalten ihr Leben nach ihren Vorstellungen von Selbständigkeit und Gemeinschaft und erhalten dafür Hilfe. Vormals arbeitslose Menschen bereichern ihr Leben durch Arbeit und bringen individuelle Ideen ein zur Verbesserung eines Produkts. Jede Persönlichkeit wird in ihrer Eigenheit und ihren Bedürfnissen wichtig genommen. Gleichzeitig hat diese Individualität Raum in einer Gemeinschaft, die die einzelnen Persönlichkeiten nicht alleine läßt, sondern ihnen Geborgenheit und Vertrautheit vermittelt.

CHRISTLICHER GLAUBE

Aus dem christlichen Geist der Liebe wurde die „Heil- und Pflegeanstalt für schwachsinnige Kinder" am 21. Mai 1849 gegründet. *„Liebe erzeugt wieder Liebe"* hieß das Leitmotiv des homöopathischen Arztes und tiefgläubigen evangelischen Christen Georg Friedrich Müller, der, von einem Freundeskreis gestützt, die ersten beiden Kinder mit einer geistigen Behinderung im *„Gräflich* von Reischach'schen Schloss" in Riet bei Vaihingen/Enz aufnahm. Schon zwei Jahre später waren es 51 Kinder im Alter von sechs bis dreizehn Jahren, die in Dr. Müllers Obhut waren mit dem Ziel, sie zu Persönlichkeiten heranzubilden, die in gesunder Lebensweise und mit dem inneren Halt, den der Glaube an Jesus Christus gibt, in der Lage sind, möglichst „ihr eigen Brot zu verdienen".

WISSENSCHAFT

Dr. Müller setzte dabei zum einen auf die wissenschaftlichen Kenntnisse der Medizin seiner Zeit und ergänzte sie durch eigene Studien. Auf der anderen Seite war ihm die methodische Entwicklung pädagogischen Handelns gleich wichtig. Seine Pädagogik fußte auf der Erkenntnis, daß der christliche Glaube, wenn er methodisch reflektiert und durch liebevolle Zuwendung zum Schüler vermittelt wird, seine Wirkung auf die Gemütsbildung, also die lebens- und menschenzugewandte Lebenshaltung hat, und den Schülern Halt sowie Impulse zur Ausgestaltung ihrer Persönlichkeit gibt. Georg Friedrich Müller verstand es, die wissenschaftliche Medizin in ihrer fortschreitenden Erkenntnis und die theologische Pädagogik mit einer methodischen Vermittlung biblischen Glaubens zu versöhnen und als Grundlage für die Förderung jedes Menschen mit Behinderung herauszubilden.

In Württemberg war der sogenannte „Cretinismus" besonders häufig verbreitet. Die Medizin war der Auffassung, daß die Hauptursache in ungesunden Lebensverhältnissen und schlechter Luft liege, da eine Häufung geistig behinderter Menschen in sumpfigen Gebieten zu verzeichnen war. Gute Höhenluft als eine Bedingung für die Heilung vom „Schwachsinn" veranlasste daher den Arzt Dr. Rösch, im ehemaligen Kloster Mariaberg auf der Schwäbischen Alb 1847 die erste württembergische „Anstalt" für diesen Personenkreis zu gründen.

Dr. Müller hingegen griff auf die Erfahrungen seines Vetters, des vormaligen Pfarrers Karl Georg Haldenwang, zurück, der in Wildberg im Schwarzwald, einem Talort, schon 1837 die erste Privatanstalt für geistig behinderte Kinder gegründet hatte. In Wildberg waren Kropfbildung und geistige Behinderungen heimisch. Pfarrer Haldenwang hat es dennoch vermocht, Kinder zum Ziel der Konfirmation zu führen und sie damit für ein Leben in der Gesellschaft zu befähigen. Damals galt die Konfirmation als Gradmesser einer selbständigen Lebensführung.

Ursachen

Die wissenschaftlichen Studien und Untersuchungen, die Müller durchgeführt hat, haben ihn in der Theorie bestätigt, dass geistige Behinderung verschiedene Ursachen hat. Neben ungesunder Lebensführung, Alkoholismus, mangelnder Hygiene, unstetem Lebensstil damaliger Eltern aus schwierigen sozialen Verhältnissen erkannte er die Vererbung, Probleme des Reifens während der Schwangerschaft, Schwierigkeiten bei der Geburt und Krankheiten nach der Geburt als weitere Ursachen. Er trug mit dieser Erkenntnis der Tatsache Rechnung, dass geistige Behinderung in allen sozialen Schichten vorfindlich war. Heute kennen wir mehrere hundert Ursachen, ohne die gesamte Phänomenlogie überblicken zu können.

Aus den medizinischen Einsichten wurden bestimmte Maßnahmen für das Leben der Kinder in der „Anstalt" abgeleitet. Hygiene und guter Körperpflege wurden hohe Bedeutung beigemessen, ebenso der gesunden Ernährung mit viel Obst und Gemüse, dem beständigen Trinken heilkräftigen Wassers wie auch der häufigen Bewegung im Freien. Die neuesten Erkenntnisse der Heilgymnastik wurden umgesetzt.

Dr. Müller wußte um den Zusammenhang von Geist, Seele und Leib und unterstrich immer wieder, daß sich die körperliche Gesundheit auch auf die geistige auswirke. Gesunde Ernährung, ein wohnliches und sauberes Lebensumfeld, Bewegung und optimale medizinische Versorgung sind bis heute Merkmale unserer Lebensqualität in Stetten. Medizinischer Dienst und hauswirtschaftliche Versorgung stehen in dieser Tradition.

Dr. Müller bezeichnet die theologische Grundlage seiner Pädagogik mit dem Begriff „Seelenpflege". Mit herzlicher, inniger Liebe zu jedem behinderten Menschen ist es möglich, die frohe Botschaft von Gottes Liebe „von Herz zu Herz" weiterzugeben. „Die Bibel ist und bleibt das Generalmittel, um unsere Zwecke zu erreichen". Denn das Wort Gottes, in liebender Zuwendung vermittelt, erreicht – wie man damals sagte – „das blödeste Herz" und ist eine „belebende Kraft". So wurden Anschauungsunterricht, Sachunterricht und Lebensunterricht mit biblischen Geschichten gestaltet. Viele Lieder, Bibelverse und Erzählungen wurden memoriert.

HEILEN UND PFLEGEN

Von Anfang an wurde zwischen der „Heil-" und der „Pflegeanstalt" unterschieden. Stand in der „Heilanstalt" die schulische Bildung im Vordergrund (seit 1850 ist die Schule von der königlichen Staatsregierung anerkannt), wurden in der „Pflegeanstalt", in der hauptsächlich schwerstbehinderte Kinder aus wohlhabenden Familien untergebracht waren, die gesunde Fürsorge und Pflege in den Mittelpunkt gestellt. „Unsere Pflegeanstalt soll eine Bewahranstalt sein, in der sie („die schwerstbehinderten Kinder") als menschliche Geschöpfe behandelt werden". Zugleich wurde aber auch in der „Pflegeanstalt" das Ziel verfolgt, die Kinder durch eine Vorschule schulisch zu fördern, damit sie in die „Heilanstalt" wechseln können. Aus dieser Grundlage konnte Direktor Dierlamm 1962 das 1. Schulgesetz der Bundesrepublik in Baden-Württemberg initiieren, das die Beschulung aller behinderten Kinder vorsieht.

BERUFLICHE BILDUNG

Neben die schulische Förderung in der „Heilanstalt" und der Beheimatung in der „Pflegeanstalt" trat von Anfang an bei Dr. Müller die berufliche Ausbildung. Durch das Leben in der „Anstalt" wurde das Zusammenleben wie in einer christlichen Familie eingeübt, in der die besten fachlichen Hilfen zur Weiterentwicklung jedes einzelnen gegeben wurden. Berufliche Kenntnisse im Gartenbau und in der Hauswirtschaft wurden den Mädchen vermittelt, bei den Jungen waren es zunächst Kenntnisse im Korbflechten. Alsbald kamen die Einführung in die Holzbearbeitung und andere handwerkliche Berufe hinzu.

Hier wurde der Grundstein gelegt für die berufliche Bildung, die heute vom Berufsbildungswerk Waiblingen und seinen Teileinrichtungen in Esslingen und Aalen nahezu 1000 jungen Menschen in differenzierten Ausbildungsgängen zuteil wird.

Die heutige Differenzierung der Arbeitsfelder der Diakonie Stetten, je nach Bedürfnis der benachteiligten Menschen, wurde von Dr. Georg Friedrich Müller aufgrund seiner Kenntnisse noch als ein Ganzes gesehen. Er hat die Grundlage gelegt, die zu einem Werk geführt wird, das an seinem 150. Lebensjahr mehr als 3000 Menschen jeglichen Alters Hilfe, Förderung und Begleitung gibt. Schon im dritten Jahr der Entstehungsgeschichte, als mehr als 50 Kinder Förderung erhielten, mußte die Interdisziplinarität von Medizin, Pädagogik, Theologie, die der Arzt Müller noch in seiner Person vereinigte, auf verschiedene Personen mit unterschiedlichen Professionen aufgeteilt werden.

PÄDAGOGIK

Nach dem Umzug von Riet nach Winterbach 1851 in das dortige Schwefelbad übertrug Dr. Müller die Weiterentwicklung der Pädagogik seinem Schwager Johannes Landenberger, einem begnadeten Lehrer. Er hat die Müllerschen Grundsätze zu einer Heilpädagogik ausgebaut, die bis heute in der Fachwelt nachwirkt. Er verstand die schulische Förderung als eine Erziehungsarbeit, durch die Menschen herangebildet werden, die als Gottes Kinder Persönlichkeiten sind, die in Liebe und Wahrheit leben können und sollen. Er verstand es aber auch genial, diese großen Lebensziele in allerkleinste pädagogische Schritte umzuwandeln und Liebe und Geduld aufzubringen, die auf den Erfolg warten können. Auf diese Weise machte er die Pädagogik zu einer methodisch reflektierten Unterstützung der Persönlichkeitsbildung eines jeden einzelnen Menschen.

Nach dem Ausscheiden Landenbergers im Jahre 1876 haben Pfarrer die Aufgabe der theologisch-pädagogischen Leitung der Einrichtung übernommen. Einer der sogenannten Inspektoren, Pfarrer Strebel (1894–1904), war auch Schulrat. Aber erst Inspektor Ludwig Schlaich (1930–1972) verstand es, die Erkenntnisse aus Pädagogik und Medizin so zusammen zu denken, dass sie in einem neuen Beruf ihren Niederschlag finden konnten. Er lehrte die Erkenntnisse der Pädagogik, um sie bei der Förderung behinderter Menschen im Heimbereich anzuwenden und vermittelte zugleich Wissen aus den Pflegewissenschaften. Auf diese Weise schuf er 1933 den Beruf des Heilerziehungspflegers, der heute die wichtigste Profession in allen Einrichtungen der Behindertenhilfe in Deutschland ist und an ca. 150 Fachschulen bundesweit unterrichtet wird. Die Ludwig-Schlaich-Schule in Waiblingen will nach wie vor Maßstäbe der Ausbildung setzen. Ludwig Schlaich hat mit dem Bau der Modelleinrichtung eines Behindertendorfes 1956/1957 auf der Hangweide das schon in der Anfangsphase geltende Familienprinzip wieder neu zur Geltung gebracht.

MEDIZIN

Nach dem Ausscheiden des Gründervaters Dr. Müller 1860 und dem Umzug von Winterbach nach Stetten in das Schloss im Jahre 1864 wurde die medizinische Arbeit von Ärzten weitergeführt, die ab 1866 auch als selbständige Ärzte verantwortlich in der „Anstalt" angestellt waren. In diesem Jahr wurde die Entscheidung gefällt, die erste evangelische Einrichtung für Epilepsiekranke in Deutschland in den Nebengebäuden des Stettener Schlosses zu errichten. Vorausgegangen war die süddeutsche Konferenz der Inneren Mission in Bruchsal, auf der laut der Ruf nach Hilfe für diesen besonderen Personenkreis erschallt war. In Stetten war man allen voran bereit, diese Hilfe zu entwikkeln. Schon der erste fest angestellte „Anstaltsarzt", Dr. Häberle (1866–1880), konnte Heilungserfolge mit der Einführung der Brombehandlung berichten und Dr. Hermann Wildermuth (1880–1889) begründete die Epilepsieambulanz, die auch neurologisch und psychiatrisch zu behandelnde Patienten besuchten.

Mit dem Sozialmedizinischen Zentrum bietet die Diakonie Stetten in unseren Tagen einem großen Personenkreis besondere medizinische, psychiatrische und zahnmedizinische Behandlungsmöglichkeiten an. Die konzentrierte Fachlichkeit auf dem gesamten Feld der Behindertenmedizin, die Epileptologie und Psychiatrie stehen Patienten aus der gesamten Region zur Verfügung.

UNTERNEHMERTUM

Schon der Beginn im Gräflich von Reischach'schen Schloss in Riet 1849 war ein unternehmerisches Wagnis. Dr. Müller standen keine Geldmittel für die Anmietung der Räume zur Verfügung. Es gab keine zuverlässig geregelte staatliche Unterstützung wie für manche anderen zu dieser Zeit entstehenden „Anstalten" und „Rettungshäuser". Georg Friedrich Müller vertraute auf die Hilfe eines Kreises gläubiger Männer und Frauen und wurde dabei nicht enttäuscht. „Unsere Anstalt kam nicht mit dem silbernen Löffel im Munde zur Welt", beschrieb Johannes Landenberger die finanzielle Situation des Anfangs, die sich immer wieder durch die ganze Geschichte hindurch einstellte. Nach dem 1. Weltkrieg war es sogar so schlimm, daß der Verwaltungsrat über eine Übergabe der christlichen Privateinrichtung an die staatlichen Behörden nachdachte. Doch immer siegte das wagemutige Unternehmertum, das auch von den kaufmännischen Vorständen vorangetrieben wurde. Mit Christoph Friedrich Kölle, der ab 1865 schon als 23jähriger junger Mann für die Finanzen gerade stand, begann die Reihe der christlichen Kaufleute in der Leitung. Bis dahin lag diese zunächst bei Dr. Müller, später bei Johannes Landenberger.

Der Kauf des Schwefelbades in Winterbach für einen Gesamtpreis von 11.000 Gulden (inklusive notwendiger Umbauten) mußte zu zwei Dritteln mit Krediten finanziert werden. Nicht anders war es beim Erwerb des königlichen Schlosses in Stetten, als der Hauptsponsor, der eine Finanzierung von 11.000 Gulden jährlich zugesagt hatte, kurz vor Unterzeichnung des Kaufvertrages über 49.000 Gulden seine Unterstützung zurückzog. Der gewagte Kauf ohne Finanzierungsgrundlage erntete auch im Kreis der Freunde Kritik. Es erwies sich als wunderbare Fügung, dass selbst unter den widrigsten Umständen (Mißernten, Krieg, Wirtschaftskrisen) die Finanzierungslücken geschlossen werden konnten. Zum einen fand man wohlhabende Gönner bis in das Königshaus hinein. Die staatliche Wohlfahrt erhörte die vielfältigen Ersuche um Unterstützung. Viele Menschen, vor allem aus den Kirchengemeinden des ganzen Landes, unterstützten mit Sachspenden, die wir bis heute „Liebesgaben" nennen. Wir verstehen sie als Ausdruck der Liebe zu den Menschen, für die alle Einrichtungen der Diakonie Stetten da sind.

Eine ganz besondere Hilfe war die Überlassung der Stiftung des Winnender Grafen von Wartensleben durch den Johanniterorden 1871, mit der dauerhaft 10 Freistellen jährlich für epilepsieerkrankte Kinder aus minderbemittelten Familien unterstützt werden sollten. Die Geschichte der Diakonie Stetten ließe sich bis in die Gegenwart als eine Abfolge von Episoden unternehmerischen Wagemutes schreiben, der aus der christlichen Überzeugung gewachsen ist, Menschen, die pädagogische oder medizinische Hilfen brauchen, entsprechend unterstützen zu wollen. Dieser Wagemut wurde durch immer wieder entdeckte Finanzquellen bestätigt. Heute steht der Staat hinter unserem Werk. Ohne freiwillige Gaben aus dem Freundeskreis könnte die Qualität der Arbeit jedoch nicht gehalten werden.

Nicht immer wurde das christliche Unternehmertum verstanden. Schon 1881 beklagte der damalige Inspektor Schall: „Wir müssen oft hören, dass unsere Anstalt reich sei". Tatsächlich war der Einsatz von Geldmitteln für Vergrößerungen, Neubauten, Verschönerungen, Umbauten, Grunderwerb nie Selbstzweck, sondern dient bis heute dazu, den Impuls des Glaubens an Jesus Christus zu verfolgen, Menschen, die auf Unterstützung angewiesen sind, die bestmögliche Hilfe zu geben. Hierfür werden nach wie vor Spenden eingesetzt.

Dem Anspruch der Gründerväter stellt sich unser Werk jeden Tag neu. Es geht uns um all die „Sonderfälle", all die Persönlichkeiten, die das medizinisch, pädagogisch, psychologisch, handwerklich fundierte Wissen brauchen, das in der langen Geschichte der Diakonie Stetten angesammelt werden konnte. Nicht immer können wir den Ansprüchen gerecht werden. Auch dies verbindet uns mit unseren Gründervätern, die sich auch der menschlichen Unzulänglichkeiten bewußt waren. Deshalb durchzieht von Anfang an der Dank alle Verlautbarungen, dass Gottes Nähe trotz aller menschlichen Schwächen erfahrbar war: „Der Herr hat Großes an uns getan!"

WEITERGABE

Insbesondere die Gründergeneration war beteiligt an der Weiterentwicklung von Pädagogik und Medizin auf christlicher Grundlage im ganzen Lande. Dr. Georg Friedrich Müller nahm die Erkenntnisse seines Vetters, des Pfarrers Karl Georg Haldenwang, auf und setzte dessen Erfahrung aus der ersten „Anstalt" Württembergs in seine Theorie und Praxis um. Johannes Landenberger, der erste Pädagoge in der Leitung, war der Schwager von Georg Friedrich Müller. Ein weiterer Schwager, Karl Christoph Barthold, kam 1852 als Lehrer in das Schwefelbad nach Winterbach und wurde 1858 der erste Direktor der Anstalt „Hephata" in Mönchengladbach. Ein Schwiegersohn Landenbergers, Johannes Unsöld, wurde der erste Hausvater von „Bethel" in Bielefeld und war der Urheber des Namens „Bethel" für einen Teil der von Bodelschwinghschen Anstalten. Ein weiterer Schwiegersohn, Christoph Friedrich Kölle, wurde nach 24jähriger Tätigkeit in Stetten der erste Direktor der 1886 neu gegründeten Epileptikeranstalt in Zürich. Dessen Sohn Karl Kölle war zunächst sechs Jahre lang Lehrer in Stetten und wurde zum Direktor der neu eröffneten Anstalt Regensberg bei Zürich berufen.

Nach dem Krieg wurde im Jahre 1963 Pfarrer Vierling, der seit 1952 als Hausleiter

(„Hausvater") im Stettener Schloss tätig war, Leiter des neu entstandenen evangelischen Pflegeheimes

Lichtenstern. 1965 übernahm Pfarrer Gerhard Schubert die Planung und Leitung des „Sonnenhofes"

in Schwäbisch Hall, nachdem er seit 1951 in Stetten gewirkt hatte und ab 1958 Hausleiter („Haus-

vater") des Dorfes Hangweide war. Noch mancher Verantwortliche in der diakonischen Arbeit in

Deutschland hat einst seine Ausbildung zur Heilerziehungspflege in der Ludwig-Schlaich-Schule

begonnen. Heute bildet die Ludwig-Schlaich-Schule Männer und Frauen aus der gesamten Republik

in Heilerziehungspflege, Arbeitspädagogik und Heilpädagogik aus.

Als Dr. Dr. Johann Jakob Sommer 1952 die Berufssonderschule in Stetten eröffnete,

begann er mit der schon von Dr. Müller erprobten beruflichen Bildung lernbehinderter junger Men-

schen auf gesetzlicher Grundlage. Daraus entwickelte sich der Bereich der beruflichen Bildung in der

Diakonie Stetten, der Maßstäbe für die berufliche Rehabilitation setzte. Heute steht das

Berufsbildungswerk Waiblingen modellhaft für eine gute innovative Qualität der Ausbildung.

DAS DRITTE REICH

Im Jahre 1896 setzte sich der damalige Inspektor Strebel zum ersten Mal öffentlich mit Gedanken der

Euthanasie auseinander. Charles Darwins Evolutionstheorie vom natürlichen Sieg des Starken über

den Schwachen trieb vulgäre Blüten. „Ja, ein anderer scheut sich nicht zu behaupten: Wenn unsere

Gesellschaft beim Kampf ums Dasein vorwärts kommen solle, müsse der Schutz der Schwachen aufhö-

ren, die Pflege der Kranken, Schwachen, Taubstummen sei Unsinn". Der Inspektor antwortete auf

solche Auffassungen, die er mit dem primitiven Denken der Spartaner vor 3000 Jahren verglich:

„Nein, in solchen Mordgedanken offenbart sich nur der teuflische Hintergrund der weithin herrschenden Anschauung, die im Menschen nur eine Art der Tiere sieht. Dagegen erhebt die gesamte Arbeit christlicher Barmherzigkeit lauten Widerspruch":

Die öffentliche Diskussion sollte nicht mehr zur Ruhe kommen. Der Jurist Karl Binding und der Arzt Alfred Hoche veröffentlichten 1920 eine Schrift mit dem Titel „Die Freigabe der Vernichtung lebensunwerten Lebens": Für „geistig tote Ballastexistenzen" werde ein nicht zu rechtfertigender Aufwand getrieben. Der Tod „der Blödsinnigen reißt nicht die geringste Lücke". Solche Gedanken wurden von namhaften Ärzten und auch Theologen aufgenommen. Wenig später schrieb Adolf Hitler in „Mein Kampf": „Ein stärkeres Geschlecht wird die Schwachen verjagen. Der Drang zum Leben in seiner letzten Form wird alle lächerlichen Fesseln einer sogenannten Humanität der einzelnen immer wieder zerbrechen". Dass solche Gedanken mit einer erbarmungslosen Mordmaschinerie in die Wirklichkeit umgesetzt werden könnten, war nicht nur in Stetten unvorstellbar.

Die nationalsozialistische Regierung wurde im Jahre 1933 mit Freude begrüßt. Nicht wenige aus der Mitarbeiterschaft waren der NSDAP beigetreten, gab es doch Vorteile durch die neue Reichsregierung. Die 60-Stunden-Woche war eingeführt worden (statt einer 7-Tage-Woche), ein besserer Pflegesatz ermöglichte eine Personalaufstockung, es gab Beihilfen für den Eigenheimbau, die Vergütung wurde verbessert. Man hatte wenig Skrupel, die Zwangssterilisation geistig behinderter Frauen so durchzuführen, wie es das Gesetz „zur Verhinderung erbkranken Nachwuchses" von 1933 verlangte. Das Gesetz entsprach einer weit verbreiteten Anschauung im Volk und fand auch in Stetten nur wenig Widerspruch. Erst allmählich ahnte wohl Inspektor Ludwig Schlaich, wie knapp nur noch der Schritt zur Tötung war, als er 1937 in einem Artikel für das „Calwer Kirchenlexikon" schrieb: „In der Geschichte der Menschheit haben sich nur verzweifelnde sterbende Völker nicht mehr so viel Kraft zugetraut, ihre gebrechlichen Volksgenossen zu pflegen. Auch sind wir Menschen weder berechtigt, von Gott gesetztes Leben eigenmächtig zu zerstören, noch befähigt, den von Gott gesetzten Sinn des Lebens zu erkennen".

Auf Befehl Hitlers hin wurden vom Februar 1940 bis Oktober 1941 70.000 Menschen mit Behinderungen in deutschen und österreichischen Tötungsanstalten vernichtet. In Württemberg erfüllte das vormalige Heim für Körperbehinderte in Grafeneck diese teuflische Aufgabe. Aus Stetten waren 330 Bewohnerinnen und Bewohner zwischen 5 und 78 Jahren darunter. Es war knapp die Hälfte aller behinderten Menschen, die auf dem Schlossgelände in Stetten ihre Heimat hatten, deren Leben grausam ausgelöscht wurde. Widerstände, mit dem Ziel, die Abtransporte zu verhindern, wurden gebrochen. Schreckliche Szenen hatten sich abgespielt. Mancher Überlebende verdankt seine Existenz dem beherzten Handeln von Angehörigen, Mitarbeitern und auch einigen Leuten aus dem Dorf Stetten.

Ein tiefes Dunkel liegt mit diesen Ereignissen über unserer Geschichte. „Und vergib uns unsere Schuld" haben Betroffene und Nachgeborene in ein Buch geschrieben. Die Ereignisse sind dokumentiert. Die Erinnerung wird wach gehalten.

ETHIK

Auch fast 60 Jahre nach diesen Geschehnissen darf die Erinnerung nicht verblassen. Der Vulgär-Darwinismus ist nicht tot. Die Gedanken von Binding und Hoche keimen immer wieder auf. Wir sind daher in ganz besonderer Weise hellhörig, wenn Anklänge an diese Theorien ertönen. Wie wir heute wissen, war die Zwangssterilisierung der erste Schritt zur Tötung, war sie doch darauf gerichtet, behindertes und beeinträchtigtes Leben zu verhindern. Bei den schwierigen Entscheidungen durch die medizinischen Möglichkeiten, die wir heute haben, z.B. Pränatale Diagnostik durchzuführen, lebensverlängernde Maßnahmen zu ergreifen, genetische Forschungen zu betreiben, spielt immer die Frage hinein, ob wir Leben mit Behinderungen bejahen können. Wenn jeder ein „Sonderfall" ist, ein einzigartiges Geschöpf, dann ist es immer falsch, auszuwählen. Dies übersteigt unsere menschliche Kompetenz. Die Überzeugung des Glaubensbekenntnisses, „ich glaube, daß mich Gott geschaffen hat", führt zur Ehrfurcht vor dem einzigartigen Leben eines jeden Menschen.

AUSBLICK

Mit der heutigen interdisziplinären Leitung (Vorstand) der Diakonie Stetten aus Theologe (Pfarrer Klaus-Dieter Kottnik, Vorsitzender), Volkswirt (Hanns-Lothar Förschler, stellvertretender Vorsitzender), Pädagoge (Dr. Ulrich Raichle), Ingenieur und Pädagoge (Werner Artmann) versucht die Diakonie Stetten ihrer differenzierten Aufgabenstellung gerecht zu werden. Jede Persönlichkeit, die in irgendeiner Weise bei einer geistigen Behinderung, einer Lernbehinderung oder körperlichen Beeinträchtigung, auf fachliche Begleitung, Unterstützung und Hilfe angewiesen ist, ob jung oder alt, ob arbeitslos oder psychisch krank, soll diese zur Stützung ihrer Persönlichkeit erhalten können. Schwerpunkte der Einrichtungen der Diakonie Stetten liegen in der Region Stuttgart und in Weimar/ Thüringen, dort gemeinsam mit der Stiftung Sophienhaus. Mit der Herrnhuter Brüder-Unität betreiben wir eine Rehabilitationsklinik in Bad Boll und sind dabei, ein „geistliches Zentrum" der Zurüstung an Geist, Seele und Leib für Mitarbeiterinnen, Mitarbeiter und Angehörige von behinderten

Menschen aufzubauen. Die Diakonie Stetten sucht die Kooperation mit anderen Einrichtungen, die in der gleichen Tradition stehen. Neben der guten fachlichen Qualität sollen die Menschen auch die Chance haben, der frei machenden Kraft der frohen Botschaft von Jesus Christus begegnen zu können. Denn immer steht der Mensch als Ganzes im Mittelpunkt, der „Sonderfall", die Persönlichkeit, mit Geist, Seele und Leib.

DIE BILDER

...PUDDING IN ROSEN...

Pudding in Rosen, um die Träume reinzulegen,

Knödel und Kirschtorte für Anita.

Wichtig noch Brezeln dazu

und Kaffe in den Sirup zum Trinken und Einreiben!

Tomatenzärtliche Streichler,

Schokoladentorte und Marzipan an Anita.

Viel Sonne, Frühling und Erbsen und Sommer,

damit Anita wie Zuckerwatte

lacht!...

Heidi Buchholz
aus einem Brief
an ihre Freundin Anita
(März 1998)

...NACH DEN MÜHEN DER BERGE...

Nach den Mühen der Berge kommen die Mühen der Ebene

in diesen Zeiten. Es sind merkwürdige Zeiten.

Zeiten zum Teilen und Zeiten, manche Dinge ein zweites Mal zu

versuchen. Zeiten, in denen wir nicht aufgeben dürfen.

Viele sagen:

Alles, was zu tun war, liegt hinter uns.

Zu lange Wege. Welches Ziel?

Viele fragen: für was?

Es könnte gerechter sein auf der Erde.

Es könnten alle satt werden, wo so viel Korn reift.

Aber viele um uns sind mutlos.

Müdigkeit. Noch vor dem ersten Schritt.

Ist das Schmerzen der Füße nicht Zeichen des Stillstands?

Man kann ja doch nichts machen, ruft es aus dem Wald zurück.

Gleichgültigkeit ist das Schlimmste in unserer Zeit.

Sie sucht ihren Bruder, die Mutlosigkeit, und die Schwester: Verzagtheit.

Diese Zeit ist unsere Zeit. Eine andere gibt es nicht.

Diese Leben sind unsere Leben.

Lebt sie menschlich. Mit allem, was lebt.

Zu oft weht Müdigkeit durchs Land.

Lobt mir deshalb die Orte, wo es auch einmal laut zugeht,

auch wenn Ihr die leisen Töne mehr mögt.

Wer den Kopf in den Sand steckt,

darf sich nicht wundern, wenn die Zähne knirschen.

Heiterkeit und Fantasie können Berge versetzen.

Oft genügt eine Schaufel.

Klingend die Klagen

Flederwisch

Puppenkopf

Krähenfuß

Brotbäckers Fladen

Duftend im Morgengraun

Hirsebrei

Stopfe die Mäuler

Wer wüßte nicht

Daß die Kleinen die Größten sind

Mitunter

Und die Größten die Kleinsten

Wer wüßte nicht

Daß die Starken die Schwachen sind

Mitunter

Und die Schwachen sehr stark

Wer wüßte nicht,

Daß die Schlauen die Dummen sind

Mitunter

Und die Dummen die Schlauen

Mitunter

Die warme Decke für die Nacht

Ein gutes Wort am Morgen

Die Bank im Hof

Etwas Sonnenschein

Für ein Lächeln

„Weißt Du, ich mach's wie mein Vater.

Der hat von klein auf gespart und immer noch

kein Geld."

„Wir dürfen nur noch leise schreien."

Ein Bewohner sieht, wie ein Erzieher

das Etikett einer Sprudelflasche liest.

Sein Kommentar: „Nicht lesen – trinken!"

Sprüche
aus dem
Schloß

Frische Saaten jetzt

Ernteherbstzeitlose

Wolken am Himmel

drohen Regen

Drei Ringelblumen nicken

dem Winde zu

Juchzend zum Jahrmarkt

Bier schäumt

Gerste, gereift,

Hopfen und Malz

Nichts ist verloren

Der Hauch der Wiesen

gemächlich gemäht

über dem Land

Drüben goldne Ähren

Am anderen Ufer

Im fahlen Abendlicht der Flüsse

schau

Ein Boot stromaufwärts

Ruderer hoffend,

daß sich der Wind dreht

Ohne Segel das Boot

stromaufwärts

Rudert dem Segen entgegen

Anker gelichtet

Und wieder geworfen

Ankommen

Ankommen .jeden Tag

Weiße Flotten

von Engeln

zeigen dir sichere Ufer

...DURCHS FENSTER...

Durchs Fenster

blauer Himmel und Sonne

und Wind

der mit den Gardinen

schäkert

Im Sorgental der Tage

ein Gruß

Platz nehmen bitte

im Alltag

und den Gruß zurück

an den Wind

Tanzen. Ein Kreis wird mein Kreis.

Wo ich aufgehoben bin.

Wo ich gebraucht werde.

Kein Kreis ohne mich.

Kein Kreis ohne Dich.

Was wäre der Kreis ohne uns.

Anfassen.

Dich berühren.

Hör das Lied.

Der Klang der Congas

wird heute Deinen Tag begleiten.

WegBegleiter

WegBereiter.

„Da kamen die besten Gruppen der Welt. Es

traten auf: Die Showtanzgruppe. Die Zirkus-Gruppe.

Die Rock-Band. Die Theatergruppe. Die Volkstänzer.

Und die Damen auch.

Dann geht's los mit Spielen.

Und dann wurde geklatscht

und

wir hatten einen Riesenerfolg.

Bravo-Rufe

gab es. Das ist Spitze. Das ist Sensation.

Das ist Spektakel. "

Aus dem Gruppenecho, einer
Zeitung von Bewohnerinnen und Bewohnern
der Stettener Häuser

An die grauen Mauern aus Beton

die unsere Stadt umkreisen

schrieb jemand

Blumen

In der Zeitung lese ich

Man hat den Schmierer

erwischt

Bei uns aber

buntes Laub zwischen

den Füßen

Ich danke dem Besen

weil er's vergißt

Manchmal hast Du niemanden

Nur mich

Manchmal willst Du nichts hören

Nur mich

Manchmal willst Du nichts fühlen

Nur mich

Manchmal willst Du nicht gehen.

Komm zu mir.

...AUF WEGEN...

Auf Wegen

Furchen wie Zeichen

Sturmholz am Waldesrand

Licht und Schatten

zwischen den Zweigen

friedlich die wilde Kamille

hellgrüner Koriander

Sturm peitscht

die Zeiten

Zuviel Schatten manchmal

Furchen.

Tiefe Furchen im Gesicht

der Natur

Was ich sagen will

Ich will sagen

Ich will sprechen

Ich will reden

Erzählen will ich

Heute noch

Fehlen mir die Worte

Einstweilen bitt ich

Habt Geduld

Bis morgen

Vielleicht bis morgen

Dann will ich sprechen

Reden

Erzählen

… TÄGLICH …

Täglich

ein-zwei Tage Sonnenschein

und Regen,

etwas Regen täglich

Viel Regen gehört dazu

bei soviel der Sonne

Das Land dann

ein einziger Garten

Eden

... FRÜHLING IM LAND ...

Frühling im Land

Schwarzweiß ansonsten die Zeiten

Doch

Zeit für stille Umarmungen im Land

Zeit für Stille

Hör ich sagen

Pst

Gemeinsam schweigen

Gemeinsam reden

Besser noch

Singen.

Ja, singen.

Laut mitunter

für die Schwerhörigen im Land

Laut

Laut

Sehr laut

Wir haben einen

Der kann gut malen

Wir haben auch einen

Der kann gut rechnen

Wir haben einen

Der kann gut schreiben

Wir haben einen

Der kann gut kochen

Wir haben einen

Der kann gut streiten

Wir haben einen

Der kann gut Freund sein

Einen?

Ach, was sag' ich:

Viele.

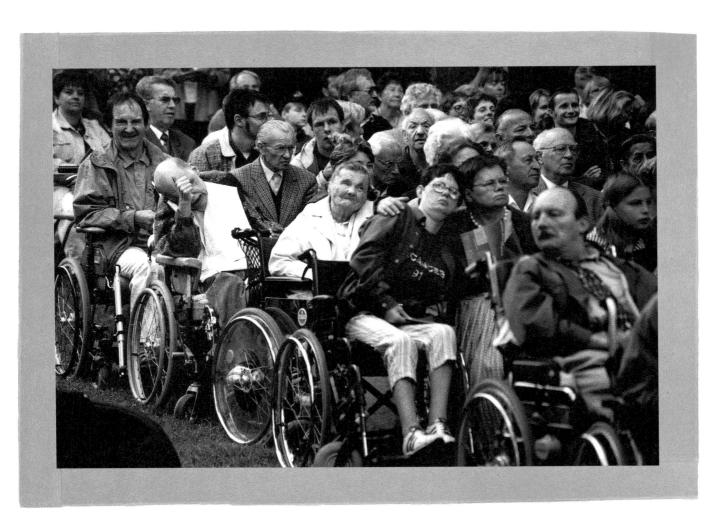

Wenn die Zeit der Rosen nicht ist,

ist die Zeit der Gänseblümchen

Gänseblümchen, ja.

Kränze flechten

mit den Langstieligen

Behutsam die Stengel

teilen

Zärtlich die eine

Blume

an die andere binden

Drei Dutzend

für einen Armreif

und Dein Lächeln

Frühling also

Doch, Frühling

und der frische Wind

Ums Haus, im Land

Ganz großes ABC

A   wie bestehen

B   wie begreifen

C   wie begleiten

D   wie besuchen

E   wie behaupten

F   wie behüten

G   wie behagen

H   wie beginnen

I   wie bedenken

J   wie bereden

K   wie begehren

L   wie beraten

M   wie bestaunen

N   wie betrauern

O   wie betören

P   wie bereichern

Q   wie begeistern

R   wie befreien

S   wie begegnen

T   wie beharren

U   wie beschützen

V   wie besinnen

W   wie behalten

X   wie befreien

Y   wie betrachten

Z   wie beleuchten

„Wir waren bei der Menschenkette in

Schwäbisch Gmünd. 7000 Menschen,

auch von Weiler, Waldhausen.

Der Theo, Manfred, Silvia, Ursel und ich.

Wir haben protestiert.

Weil wir nicht wollen, daß man

an Menschen, die sich nicht wehren können,

Experimente macht.

Wir können es sagen, andere nicht.

Wir sagen es für sie.“

Aus dem Gruppenecho, einer
Zeitung von Bewohnerinnen und Bewohnern
der Stettener Häuser

Knete den Teig

In aller Herrgottsfrühe

Mehlstaub wirbelt

in der Zugluft

Wasser und Salz

und Wärme

brauch ich

viel Wärme

Erst nach Feierabend

Gieße ich

meine Tränen in den Wein

der langen Abende

Glückliche Stunden

Nichts leichter als das

Nichts schwerer als das

Und doch braucht es wenig

Viel weniger als Du denkst

Versuch es

Und nimm mich beim Wort

Wer bin ich?

Blicke nach innen.

Wo bist Du?

Blicke nach außen

Gedankenspiele

Kommen

Gehen

Bleiben.

Neues sehen

Fantasie

Hoffnung

Geduld

Begegnung

Irritation

Kälte

Bewegung

Eskalation

Veränderung

Signale

Assoziationen

Versöhnung

Verantwortung

Vertrauen

Träume

Noch Hitze überm Land

Ein Ochsenkarren bergauf.

Wer zieht? Wer bremst?

Wildes rechts des Wegs.

Äcker Wiesen links.

Das Dengeln der Sense.

Wilder Rosmarin lacht.

Grillen im Gras.

Doch.

Noch Hitze überm Land.

Ich träumte von einem Dorf

jenseits des großen Wassers

gebückt unter den Lasten

ziehen die Büffel

Da war Rast

Ich sah dem Freund zu

der die Spreu vom Weizen trennte

Und viel war die Spreu

wenig der Weizen

im letzten Sommer am Fluß

Erschrecken am Fluß

Was für ein

merkwürdiger Morgen

Eins zum anderen fügen.

Du gehst Deinen Weg

Eigensinn und Freude.

Stolz und Zuversicht.

Ein Weg ist Dein Weg.

Steinig manchmal.

Schwierig mitunter.

Nicht immer geradeaus.

Aber schau links, rechts:

Blumen.

Und im Baum die Vögel,

die Dir einen guten Morgen

zuzwitschern

Geschöpf Gottes

Geborgenheit immer

Glück

Trauer manchmal

Ein Lächeln mitunter

Das Dir sagt

Ich weiß, daß Du da bist

Für mich.

Für uns.

Das schönste Dankeschön

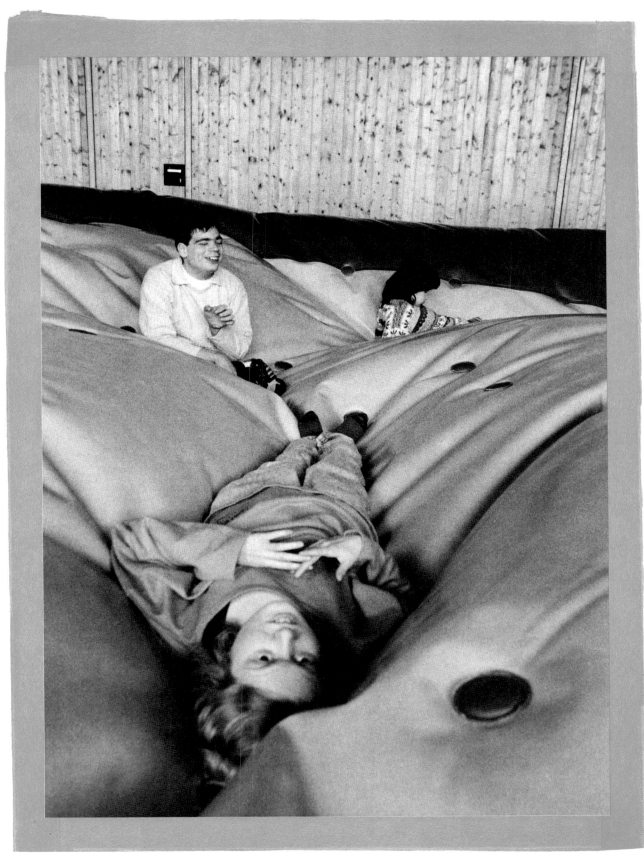

„Ein Zahn wurde gezogen.“

„Wie viele Jahre wächst der nach?“

„Der wächst nie mehr nach!“

„Oh, die sind raffiniert!“

Ein Bewohner betrachtet ein Poster mit

einer leicht bekleideten jungen Dame.

„Das hänge ich nicht auf. Das ist eher

was für Fernfahrer, die immer allein sind.“

„Das Leben ist hart. Ich bin härter.“

„Ich wünsche Dir, daß Du noch

länger lebst als sonst.“

Sprüche
aus dem
Schloß

90

„*Ich bin glücklich. Warum eigentlich?*"

„*Der D. ist auch ein ganz Lieber. Aber*

man darf ihm halt keine Zähne aushauen."

„*Gell, wenn man stirbt, wird man nicht gefragt?*"

„*Ich kann zwar viel, aber nicht das, was ich kann.*"

Sprüche
aus dem
Schloß

...EIN ERZIEHER ZU EINEM BEWOHNER...

Ein Erzieher zu einem Bewohner: „Du wirst auch nie erwachsen!"

Der Bewohner: „Das müssen gerade Sie sagen!"

Ein Bewohner klagt über das laute Geräusch des Bohrers

beim Zahnarzt. „Sezt' doch beim nächsten Mal einfach

den Walkman auf, dann hörst Du den Bohrer nicht."

„Und der Zahnarzt?"

Sprüche
aus dem
Schloß

Werkstatt Deine

Werkstoff, teurer.
Leinwand, feste.
Stoffwerk, reißfest.
Werkstatt, eigne.
Werke, fremde.

Kunstwerk, edles.
Handwerk, goldnes.
Werktor, offnes.
Torwerk, dickes.

Fuhrwerk, schnelles.
Zweigwerk, kleines.
Hauptwerk, welches.
Werkzeug, wessen.

Werktag, langer.
Uhrwerk, tickes.
Schuhwerk, festes.
Machwerk, böses.

Bergwerk, tiefes.
Tagwerk, schweres.
Bauwerk, schönes.
Werkmann, müder.

Blendwerk?
Kraftwerk
Mundwerk
Backwerk
Werkbank.
Bankwerk?

Gottwerk, alles.

Spielen. Lernen.

Hören.

Freuen. Staunen.

Sehen können

was in uns steckt

Tasten, erfahren.

Riechen. Schmecken.

Spüren.

Nähe.

Vertrautheit tagtäglich

Jahrjährlich.

Ganz einfach

immer

...BILDER SPRECHEN...

Bilder sprechen.

Offene Ohren.

Offene Augen.

Offene Worte allemal.

...EBEN NOCH FARBE...

Eben noch Farbe

Jetzt das bunte Bild

Freundlich

an der Leine aufgehängt zum Trocknen

und Euch zur Freude

Jedes Bild

Jetzt und gestern und später

Sieh, es tröstet

Vielversprechend

gestapelt

Nie widerredend

Klaglos erinnernd

an die Heiterkeit

der Arbeit

An Muße und Freude

Und den Schweiß

und die Schmerzen

Spaß muß sein

Hör ich sagen

Mein Bild ist mein Zeichen

Meine Farben ein Wink

Mehr will ich nicht

Ich weiß, das ist wenig

Fremder,

geh nicht vorüber

Ohne Deinen Blick

auf mein

Werk zu werfen

Mehr will ich nicht

Doch das ist schon zuviel

Freundlich gesonnen

grenzenlos ottergelb

Indigo

Himmelgrün

Turmhoch getürmt

Wohl oder übel

Oder Dunkelblaurötlich

Zärtlich und wohnzimmernah

Sternengleich

Wohlfeil verpackt

Freunde, sich treffend

Ein Wiedersehen

Na, wie geht's

fragt der eine den anderen.

So lala

Sagt der eine zum anderen

Und Dir

Fragt der andre den einen

So lala

Ergänzend und

Zögernd

Der Zweite zum Ersten:

Ich kenn einen

Dem geht's dreckig

...ICH LAS...

Ich las

Präsidenten weinen nicht

Das finde ich traurig

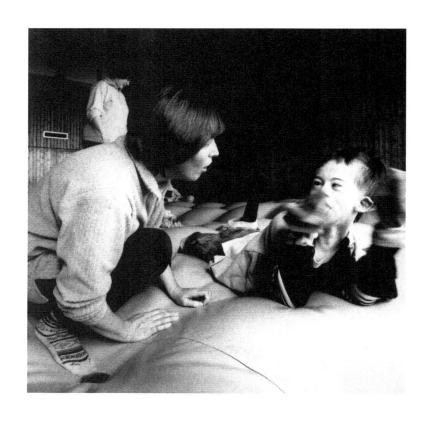

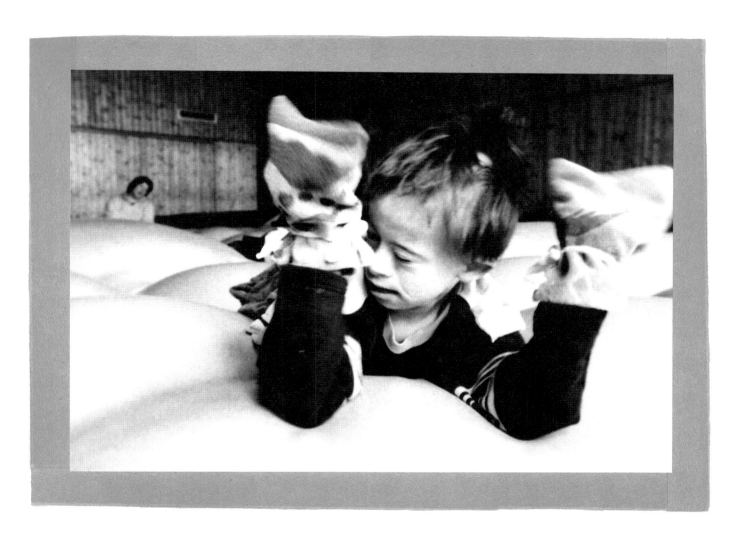

Wo wohnst Du?

Daheim.

Und wo ist daheim?

Wo meine Mutter wohnt.

Und wo wohnt Deine Mutter?

Daheim.

Sprüche
aus dem
Schloß

Hoffnung braucht Geduld

Fantasie braucht Hoffnung

Kälte will Wärme.

Begegnung bringt Irritation

Bewegung mag Verantwortung

Bewegung verändert

Verändert Bewegung

Begegnung trifft Irritation

Signale versöhnen

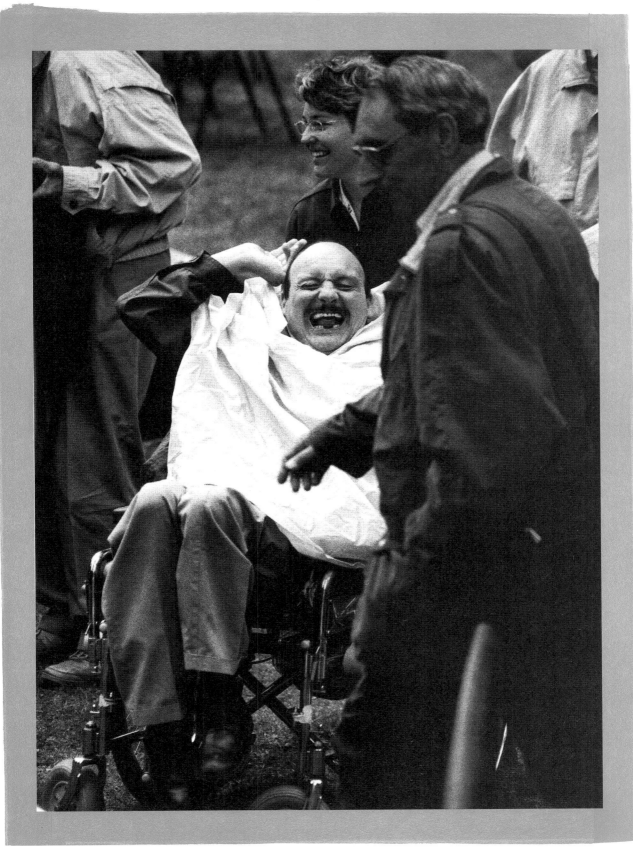

Lach ihn aus, wenn er kommt

der Tag, der Dir nicht paßt

Pack ihn morgens schon

am Schlafittchen

damit ihm Hören und Sehen

vergeht

Das können die gemeinsten Tage

nicht vertragen

Oder, so rat ich Dir

stell ihn einfach in die Ecke

Soll er sich doch ärgern

Unter uns gesagt

Das Rezept ist einen Versuch wert

Hör doch

das Glockenblumenläuten

Schau doch

die Schäfchenwolkenherden

Fühl doch

Die Sonnenstrahlentänzer

Wanderer, wandere westwärts

Heimwärts im Dreivierteltakt

Wiegend im Walzerschritt

Freu dich

Der Jahreszeitengaben

…VOGEL…

Vogel

Wie heiter er fliegt

Sieh seine Bahn

Spiegel schöner Träume

wirbeln Wasser in Wolken

treffen zeitlos ins Endliche

einsamer Vogel

von der Sonne des Abends

geadelt

flieg mit dem Wind

nimm mich mit

oder

leih mir deine Flügel

für Augenblicke

...SCHREIBEN...

Schreiben

Noch weiß das Papier

Nichts von mir

Unschuldig

Aber

Ein Wort.

Schau – wie eine Insel

Jetzt laß

Ich die anderen Worte segeln

Was weiß

Das Papier schon

Das weiße

Es hat warten gelernt

Voller Geduld

Wie ich

Der ich zu Inseln kam

Was für ein Meer

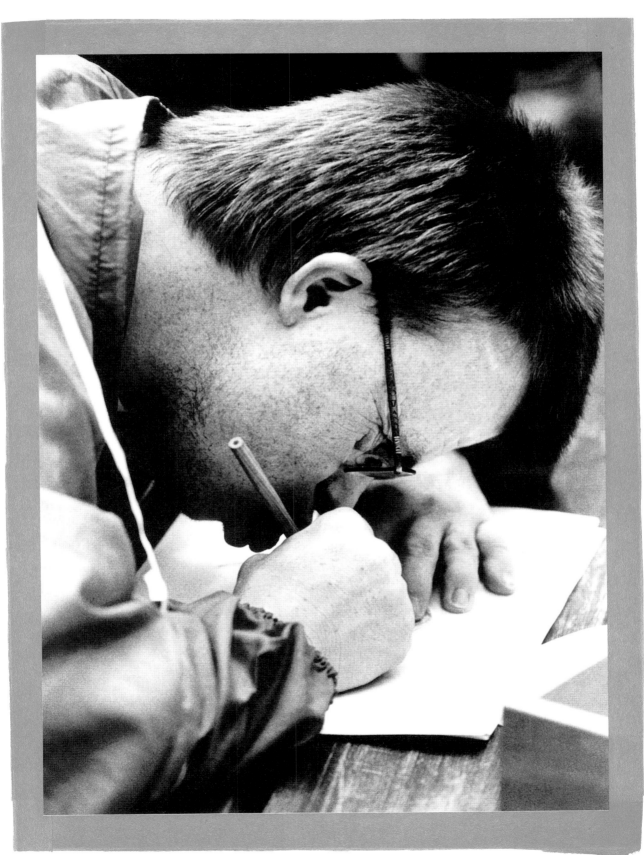

Ein etwas korpulenterer Bewohner

äußert in einem Gespräch über den Tod

seine Angst, im Sarg zu liegen.

Kann ihn keiner trösten?

Doch, der Mitbewohner. Er beruhigt ihn

mit dem Einwand:

„Keine Angst, Du paßt eh nicht rein!"

Sprüche
aus dem
Schloß

„*Die, die immer sagen, sie hätten keine Angst,*

haben die meiste Angst.

Ich, zum Beispiel. Ich hab' keine Angst."

„*Ich will was von der Welt sehen!*

Ich fahre mit dem Bus nach Stuttgart."

„*Für mich ist einer, der nur am Hirn*

was hat, noch lange nicht richtig krank!"

„*Ich habe mich heute nacht verliebt.*

Aber als ich aufwachte am Morgen,

war ich allein im Bett."

Sprüche
aus dem
Schloß

„Morgens fahre ich mit dem Bus zur Arbeit.

Da muß man aufpassen, daß man nicht den Bus

verpaßt. Zweimal ist mir das schon passiert, aber

jetzt nicht mehr. In der Pause gibt es Tee.

Manchmal sitzen wir draußen, wenn schönes

Wetter ist. Wenn die Pausenklingel klingelt,

freut man sich, weil man wieder ins Geschäft darf.

Ich arbeite gern.“

Aus dem Gruppenecho, einer
Zeitung von Bewohnerinnen und Bewohnern
der Stettener Häuser

Kleiner Bär

Großer Bär

Starker Bär

Zarter Freund

Und wilder Geselle

Mir

gehörst Du

Mir

Ganz allein

Und eins werden

Sich verstehen

Mensch Tier und Natur

Die Kraft spüren

Weiches Fell

und die Muskeln

und den Freund

für den

freien Fall der Fälle

Vertrau mir

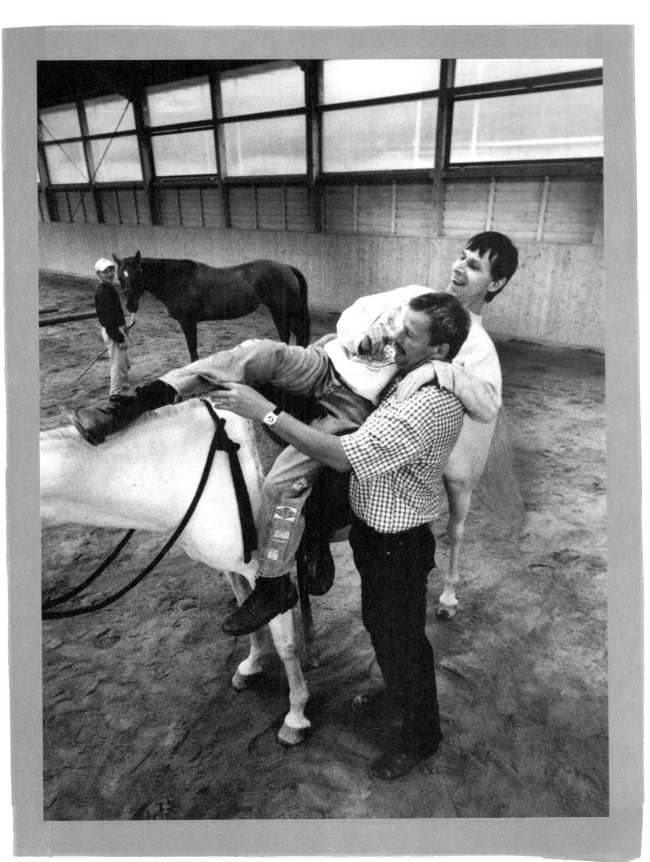

...DER KLEINE SCHRITT...

Der kleine Schritt

Und der große Schritt

Der eine Schritt

Vor dem anderen Schritt

Schrittweise geh ich allein

Weil ich weiß

Der gute Stolperer fällt nicht

Zwitschernde Zupfhufe

zögern

Schmettermanns Zipperlein

krankt

Hätte getragen

Hätte geholfen

Hätte geahnt alle Tag

Ohne Frag

sattelfest

Ruhig Behagen

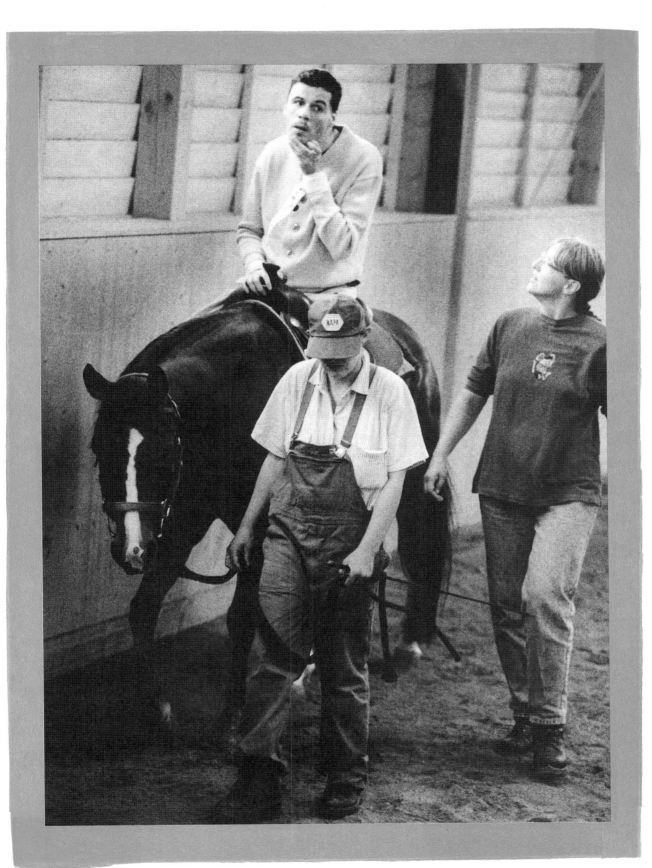

...LACHEN MITUNTER...

Lachen mitunter

an Tagen

die zum Weinen sind

Wenn Du magst:

Weinen mitunter

In den fröhlichen Tag hinein

Wenn du willst

Leben können

Haben und Sein

Schein.

und Wirklichkeit

Ernstes Spiel

Wenn ich will

Reitet mein Pferd

Vorwärts oder rückwärts

Wenn ich will

Galopp

Oder tänzelt

In unsrer Trabrennbahn

Manchmal

Bleibt er stehen

Der Gaul

Gaulfaul

Doch stets freundlich

Nickt grüßend

Mit großem Kopf

Guten Tag

...Vom langen Marsch...

Vom langen Marsch

Durch die Zeiten

Müde der Fuß

Und der andere auch

Im Schutz der Schirme

Ein Gespräch

Unter vier Augen

Oder fünf

Unter der großen Linde

Der schattenspendenden

der regenschützenden

wollen wir uns treffen

Unter der großen Linde im Hof

Wo sich die Wege gabeln

Zuhören und reden

Alles will gelernt sein

Unter der Linde

will ich bedenken

wie wenig Mühe es den Vogel kostet

sein Lied zu pfeifen

Unter der Linde

Will ich's ihm gleichtun

...ZU HAUSE...

Daß ich in ein Land komme

wo ich zu Hause bin

Daß der andere willkommen ist

wünsch ich mir

Freundlichkeit zu den Kindern

soll sein

und Wohlstand

doch nirgends Armut

wünsch ich mir

Und daß das Land Heimat ist

auch den Heimatlosen

Heimat ohne Angst

Zu Hause in meinem Land

Neugier wecken sollte das Buch, Neugier auf die Menschen, die zur Diakonie Stetten gehören. Das war die Idee. Entstanden ist ein Band mit Bildern, die den Betrachter zu den abgebildeten Menschen hinziehen, und mit Texten, die einladen, Verbindungen aufzunehmen. Jeder Mensch ein Original, jedes Bild ein Kunstwerk. Jeder Text ein Impuls.

Wir danken Dieter Blum und seinem Team mit Victor Brigola und Isabelle Rihn für ihre Arbeit. Ihnen war abzuspüren, dass ihnen die Verbindungen Spaß gemacht haben, die sie durch ihre Blicke in das Objektiv erhalten haben. Die Freude der Begegnung ist in den Bildern. Peter Grohmann danken wir für die Lust, sein sprachliches Talent einzusetzen, um seine Empfindungen über seine Erlebnisse mit den Menschen in Stetten auszudrücken.

Menschen, Gottes Ebenbilder, sind die vielfältigsten Geschöpfe, denen Menschen begegnen können. Wir glauben, die Idee für dieses Buch ist grandios umgesetzt worden. Danke.

Klaus-Dieter Kottnik

Hanns-Lothar Förschler

ENTWICKLUNG

1849:   Gründung der Anstalt in Riet.

1851:   Umzug in das Schwefelbad in Winterbach.

1863:   Kauf des Schlosses in Stetten i.R. mit
         „Schloß", „Kameralamt",
         „Gärtnerhaus" und „Försterhaus".

1864:   Umzug nach Stetten i.R..

1866:   Eröffnung der Epileptikeranstalt.

1871:   Kauf des Hauses von Dr. Höring als männli-
         ches „Asyl".

1874:   „Neubau" (Anbau ans Kameralamt).

1875:   Anlage des Anstaltsfriedhofes.

1883:   Kauf des „Schweizerhauses" in
         Rommelshausen.

1886:   Anbau an das „Schweizerhaus".

1892:   Bau des „Knabenhauses" mit Arztwohnung.

1897:   Bau der Turnhalle.

1900:   Bau des Schulhauses und des „Verwaltungsge-
         bäudes".

1911:   Einrichtung des elektrischen Lichtes.

1912:   Einrichtung einer Dampfheizung.
         Einbau der Großwaschküche im Schloß.

1926:   Erstellung des Heizungsgebäudes mit Schrei-
         nerei und Neueinrichtung einer Warmwasser-
         heizung.

1927:   Schloßanbau (Erweiterung der Kochküche
         und des Schloßspeisesaals).

1928:   Brand der Scheuer und des Schulhauses und
         deren Neuaufbau.

1929:   Bau des neuen Krankenhauses.

1931:   Kauf des „Rößle".

1932:   Bau des „Schlachthäuschens".

1933:   Bau des Schwimmbades.

1934:   Bau des Angestelltenwohnhauses in der
         Endersbacher Straße Nr. 2.

1936:   Bau des Werkstättengebäudes (Schlosserei
         und Buchbinderei), Kauf der Hangweide.

1940:   Beschlagnahmung der gesamten Anstalt.
         Ermordnung von 330 Bewohnern in
         Grafeneck.

1945:   Rückgabe und Instandsetzung der Hang-
         weide.

1948:   Rückgabe des Männerhauses und der Land-
         wirtschaft.
         Pachtung des Weraheims Hebsack - als
         „Kinderheim".

1949:   Rückgabe des „Rößle".
         Wiederaufnahme des Unterrichts in der
         Schule.

1949:   100. Jahresfest.

1950:   Rückgabe des „Gärtnerhauses" und des
         „Knabenhauses" (Landenbergerhaus).

1951:   „Vorläufige Arbeitsgemeinschaft" mit der
         Gustav-Werner-Stiftung zum Bruderhaus
         in Reutlingen (bis April 1956).

1952:   Rückgabe von „Mädchenhaus"
         (Johanniterhaus), Krankenhaus, Schulhaus
         und Schloß.

1953:   Abschluß der Instandsetzungsarbeiten im
         Schloß.
         Bau und Bezug von drei Familien-
         wohnhäusern in der Gartenstraße.

1954: „Anstalt" wird nun „eingetragener Verein".
Besetzung der ersten Psychologenstelle.

1955: Anbau für Berufsschule und Mechanische Werkstatt.
Aufbau der „nachgehenden Fürsorge" für rehabilitierte Jugendliche.

1956: Erster Spatenstich auf der Hangweide.
Die ersten 33 Lehrlinge bestehen die Gesellenprüfung.

1958: Einweihung der „Pflegeanstalt" Hangweide (320 Betten) mit acht Pflegehäusern.
Beginn des Diakonischen Jahres in Stetten.

1959: Rückgabe des Kinderheims Rommelshausen.
Lösung des Pachtvertrages mit dem Weraheim/Hebsack.
Genehmigung des ersten Förderlehrgangs.

1960: Staatliche Anerkennung der „Ev. Fachschule für Heilerziehungspflege Stetten i.R."
(Ludwig-Schlaich-Schule).

1961: Bau von Schreinerei, Bauhof und Autoreparaturwerkstatt.
Eröffnung des Sonderkindergartens in Rommelshausen.
Beginn des Zivilen Ersatzdienstes.

1962: Orgel für den Kirchsaal Hangweide.

1964: Bau eines vierten Mitarbeiterhauses in der Gartenstraße.
Bau von 3 Häusern mit 110 Einzelzimmern für Mitarbeiterinnen an der Tannäckerstraße.
Bau eines Mitarbeiterwohnheims auf der Hangweide.

1965: Die ersten 3 Lehrlinge der mechanischen Werkstatt legen die Facharbeiterprüfung ab.

1966: Fertigstellung des Werkstättengebäudes mit Berufssonderschule, Ausbildungsbetrieben und Beschäftigungsbetrieben.

1967: Kauf eines Familienwohnhauses in der Seestraße.
Bau eines Mitarbeiterwohnhauses am Karl-Gerok-Weg.

Zusatzaltersversorgung als Rechtsanspruch (sie besteht seit 1878).
Die ersten Tagesschüler aus Esslingen.

1968: Lernbehinderte Jugendliche aus Stuttgart besuchen das „Berufsbildungswerk Stetten i.R.".
Inbetriebnahme der neuen Bäckerei und Metzgerei.
Erwerb der ehemaligen Kinderheilstätte Elisabethenberg bei Lorch.

1969: Fertigstellung des Zentralwirtschaftsgebäudes und Inbetriebnahme der neuen Küche, Bäckerei und des Mitarbeiterspeisesaals.

1970: Neubau des Mitarbeiterwohnheims im Gelände des Kinderwohnheims in Rommelshausen.
Umbau des Landenbergerhauses für dort lebende Schülergruppen.
In die „alte Küche" wird ein arbeitstherapeutischer Betrieb, Fahrrad- und Rollstuhlreparaturwerkstätte verlegt.

1971: Eröffnung der Werkstatt für Behinderte in Waiblingen.
Ausstellung von Werksarbeiten und Bildern im Rathaus Waiblingen zum Thema: „Schöpferisches Gestalten".
Übergang zur gleitenden 5-Tage-Woche.
Übernahme des Erholungsheimes in Hohenstaufen.

1972: Neubau des Friedrich-Lutz-Hauses auf der Hangweide.

1973: Bezug des Therapiezentrums auf der Hangweide mit Schwimmhalle, Kleinturnhalle, Raum für Krankengymnastik sowie einer Abteilung für medizinische Bäder und Kneippanwendung.
Verlegung des Hangweide-Mitarbeiterspeisesaals.
Einrichtung eines Spielplatzes im Schloßparkgelände.
Eröffnung der Ausstellung „Eure Welt - unsere Welt" im Stuttgarter Rathaus.

1974: Fertigstellung der Restaurierungsarbeiten in der Schloßkapelle.

Sanierung der 1957/1958 erstellten Häuser auf der Hangweide.
Auflösung der Landwirtschaft.
Reittherapie nimmt ihre Arbeit auf.
Umsiedlung der Gärtnerei in Neubauten auf der Hangweide.

1975   Renovierung des Wintersaals.
Am Rande des Parks entsteht ein Schulpavillon.
Das Buch von D. Ludwig Schlaich ist erschienen: „Erziehung und Bildung geistig Behinderter durch Eltern und Erzieher".

Die neuen Kinderhäuser werden Anfang Dezember 1975 am Oberen Schloßberg bezogen.

1976   Besuch von Bundespräsident Dr. Walter Scheel.

1977   Das alte Männerhaus wird abgerissen.
Umzug von ca. 50 Männern und einigen Frauen nach Rommelshausen.
Im Frühjahr 1977 Bezug des Berufsbildungswerks in Waiblingen.
Überschwemmungen richten großen Sachschaden an.

1978   Einweihung des Berufsbildungswerks Waiblingen.
Bau des Fußgängersteges über die Schloßstraße in Stetten.

1979   Einweihung der neuen Häuser am Schloßberg.

Ein neuer Name für die Anstalt Stetten wird gesucht, aber es bleibt beim alten.
Das Ferienheim Hohenstaufen wird umgebaut.

1980   Einweihung der Bergschule.
Die Orgel wird der Anstaltsgemeinde übergeben.

1981   Eröffnung der Werkstatt für Behinderte Schorndorf.
Gründung des Elternkreises „Eltern helfen Eltern".
Gründung der Außenwohngruppe Herdwangen-Schwende.

1982   Internat für das Berufsbildungswerk in Beinstein bezogen.
40 Mitarbeiterwohnungen an der Bühläckerstraße in Stetten gebaut.

1983   Der vierjährige Umbau und Ausbau des Schlosses abgeschlossen.
Pavillon auf der Hangweide und Mitarbeiterhäuser in Stetten erstellt.
Erwerb des Opal-Geländes in Waiblingen.
Bezug des Wohnheims Weiler.
Umbau des Elisabethenberges abgeschlossen.
Neubau von 3 Mitarbeiterhäusern im Amselweg in Rommelshausen.

1985   Einweihung des Textilzentrums.

1986   Bau von 30 Wohnplätzen für Jugendliche des Berufsbildungswerks in der Silcherstraße in Waiblingen.
Umbau an der Oppenländerstraße für 180 Plätze der Werkstatt für Behinderte in Waiblingen.
Bezug des Opalgeländes durch Druckerei und Buchbinderei des Berufsbildungswerkes.
Die „Neue Arbeit" in Waiblingen nimmt ihre Arbeit auf.
Das Landenbergerhaus neues Domizil der Verwaltung.

1987   Auf der Hangweide die 5000. Helferin des Diakonischen Jahres.
Restaurierung des Sommersaals.
Eröffnung der Werkstatt Rötestraße für Menschen mit seelischer Behinderung.

Eröffnung der Wanderausstellung „Künstler aus Stetten" . Erstmals erscheint der Begriff „Künstler aus Stetten".
In den folgenden Jahren weltweite Ausstellungstätigkeit.

1988   Bezug der Außenwohngruppe Plüderhausen.
Weitere Wohnungen für BBW-Jugendliche in Waiblingen an der Bahnhofstraße.
Einweihung des Wohnheims Gartenstraße.
Bau weiterer Mitarbeiterhäuser in Weiler und Stetten.
Errichtung einer Außenwohngruppe mit Töpferei in Plüderhausen.

1989 Einführung der neuen Vorstandsstruktur
mit vier Vorständen.
Das alte Wildermuthhaus wird für 1 1/2 Jahre Domizil für 70 Aussiedler aus Osteuropa.

1990 Veranstaltungsreihe anläßlich des 50jährigen
Gedenkens an die Euthanasie-Ereignisse in
Stetten.
Erwerb des Kinderkrankenhausgeländes in
Waiblingen.
Einrichtung einer therapeutischen Wohnge-
meinschaft in Stetten.
Bezug der Außenwohngruppe Geradstetten.
14 Kinder aus dem ehemaligen Kinderkran-
kenhaus Waiblingen ziehen in ein Fertig-
haus beim Oberen Schloßberg.
Aufbau des Reha-Zentrums in Baja / Ungarn.
Weiterbildung zum Heilpädagogen wird an
der Ludwig-Schlaich-Schule angeboten.
Werkstatt in Stetten in der Mercedesstraße
nach Umbau eingerichtet.

1992 Abriß des alten Wildermuthhauses.
Großer Umbau im Schloß mit Aufzug
fertiggestellt.
Bezug der Außenwohnungen in Fellbach
und Schmiden.

1993 Eröffnung der Werkstatt für Behinderte in
Waldhausen.

1994 Bezug der neuen Wildermuthhäuser mit
dem sozialmedizinischen Zentrum.
Wohnheim Silcherstraße, Wohnheim
Waldhausen, Wohnheim Hohenstaufen sind
bezugsfertig.
Mitarbeiterhaus in Rommelshausen erstellt.

1995 Das Zentrum an der Devizesstraße wird
bezogen.
Die Kurzzeitbetreuung wird im Wildermuthhaus angeboten.
Erwerb des Hirschmann-Geländes in
Esslingen.
Erfolge bei der Suche nach einem Grund-
stück in Stuttgart: Gelände des Amerikani-
schen Krankenhauses in Bad Cannstatt.
Eröffnung einer Zahnarztpraxis im sozialmedizinischen Zentrum.

Die „boje" ist entwickelt worden und
nimmt die Arbeit auf.

Aufbau des Beruflichen Ausbildungszen-
trums in Esslingen.

1996 „Anstalt Stetten" bekommt einen neuen
Namen: „Diakonie Stetten e.V.".
Beginn der Renovierung aller alten Häuser
auf der Hangweide.
In Stuttgart-Bergheim günstiger Erwerb
der Villa Ellner.
Eine Teilwerkstatt für psychisch Behinderte
entsteht in Schorndorf sowie eine Zweig-
firma der Neuen Arbeit Waiblingen.
Aufbau des Beruflichen Ausbildungszen-
trums in Aalen.
Eröffnung der Apallikerstation.
Mitarbeiter der Ludwig-Schlaich-Schule
führen in Brasilien Seminare durch.
Umzug in den Wohnbereich „Zentrum an
der Devizesstraße" in Waiblingen.
Einführung des Qualitätsmanagements im
Wohnbereich.
Erster zertifizierter Wohnbereich Deutsch-
lands.

1997 Neue Reittherapiehalle in Betrieb genommen.
Gründung des „Diakonisches Zentrum
Sophienhaus Weimar gGmbH".
Baubeginn für zwei neue Wohnheime auf
der Hangweide.

1998 In Esslingen werden 30 Seniorenwohnun-
gen bezogen.
Außensanierung des Johanniterhauses
abgeschlossen.
Gründung eines Partnerschaftsprojektes
mit der Evang.-Luth. Kirche Brasiliens.
Angebot des Betreuten Wohnens im
Stiftsgrundhof.
Qualitätssiegel nach ISO 9001 für die Werk-
statt für Behinderte der Diakonie Stetten.
Erster Spatenstich in Stuttgart-Bad Cannstatt.
Eröffnung der Frühförderung in Waiblingen.

1999 150. Jubiläum.
Übernahme des Kurhauses Bad Boll mit Be-
teiligung an der „Kurhaus Bad Boll gGmbH".
Baubeginn für die Wohnheime in Esslingen.
Einweihung der umgebauten Friedhofs-
kapelle.
Umbau der Schloßschule mit neuem
Treppenhaus und Aufzug.
Erweiterung der Zentralküche.

Ausschuß- und Verwaltungsratsvorsitzende

1849 - 1856:	Dr. Georg Friedrich Müller
1856 - 1899:	Pfarrer Johannes Völter
1891 - 1919:	Oberregierungsrat von Falch
1920 - 1932:	Staatsrat von Mosthaf
1932 - 1950:	Oberregierungsrat Loebich
1950 - 1959:	Prälat Lempp
1959 - 1974:	Ministerialdirigent Heinz Autenrieth
1974 - 1992:	Prof. Dr. Dr. Theodor Schober
seit 1992:	Prälat Claus Maier

Inspektoren und Anstaltsleiter:

1864 - 1877:	Johannes Landenberger
1877 - 1894:	Pfarrer Schall
1894 - 1905:	Schulrat Pfarrer Strebel
1905 - 1909:	Pfarrer Sprösser
1909 - 1914:	Pfarrer Reischle
1914 - 1920:	Pfarrer Sick
1920 - 1930:	Pfarrer Dr. Kieser
1930 - 1972:	Pfarrer Ludwig Schlaich
1972 - 1988	Pfarrer Peter Schlaich

Schulvorstände und Schulleiter:

1886–1920:	Oberlehrer Thumm
1922–1935:	Rektor Stockmayer
1935–1940:	Rektor Rupp
1948–1952:	Hilfsschullehrer Krauter
1952–1980:	Rektor Dierlamm
seit 1980:	Rektor Trümner

Ökonomieverwalter und kaufmännische Leiter

1866 - 1886:	Lehrer Fr. Kölle
1886 - 1916:	Verwalter Bräuninger
1918 - 1940:	Verwalter Ebinger
1947 - 1955	Verwaltungsdirektor Kühnle
1955 - 1976	Verwaltungs- und Wirtschaftsleiter Singer
1970 - 1979	Kaufmännischer Leiter Laiblin
1981 - 1988	Kaufmännischer Leiter Dr. Lempp

Leitende Ärzte

1849–1860:	Dr. Georg Friedrich Müller
1860–1864:	Dr. Gaupp
1864–1866:	Dr. Höring
1866–1880:	Dr. Häberle
1880–1889:	Dr. Wildermuth
1889–1909:	Dr. Habermaas
1909–1918:	Dr. Schott
1919–1964:	Dr. Gmelin
1957–1985:	Dr. Kast
1958–1980:	Dr. Goes
seit 1976:	Dr. Fink
1976–1978:	Dr. Schäfer
seit 1985:	Dr. Schäfer
seit 1980:	Dr. Schlosser
seit 1989:	Herr Edler

Vorstände:

1988 - 1991:	Vorsitzender Pfarrer Peter Schlaich (Theol. Vorstand)
seit 1991:	Vorsitzender Pfarrer Klaus-Dieter Kottnik (Theol. Vorstand)
1988 - 1994	Stellvertr. Vorsitzender Dr. Werner Lempp (Kaufm. Vorstand)
Seit 1994:	Stellvertr. Vorsitzender Hanns-Lothar Förschler (Kaufm. Vorstand)
1988 - 1998	Dr. Walter Scheuber (Pädagogischer Vorstand)
seit 1998:	Dr. Ulrich Raichle (Pädagogischer Vorstand)
seit 1988:	Werner Artmann (Vorstand für Arbeit und Ausbildung)

Das Bild zeigt den Vorstand von links:
Hans-Lothar Förschler, Stv. Vorstandsvorsitzender und Kaufmännischer Vorstand,
Dr. Ulrich Raichle, Pädagogischer Vorstand,
Klaus-Dieter Kottnik, Vorstandsvorsitzender und Theologischer Vorstand,
Werner Artmann, Vorstand für Arbeit und Ausbildung.

Diakonie Stetten
Zweigeinrichtung
Hangweide